BEI GRIN MACHT SICH IHR WISSEN BEZAHLT

- Wir veröffentlichen Ihre Hausarbeit,
  Bachelor- und Masterarbeit

- Ihr eigenes eBook und Buch -
  weltweit in allen wichtigen Shops

- Verdienen Sie an jedem Verkauf

Jetzt bei www.GRIN.com hochladen und kostenlos publizieren

Trainingsplanerstellung zum Krafttraining für eine 25-jährige Frau

Bibliografische Information der Deutschen Nationalbibliothek:

Die Deutsche Nationalbibliothek verzeichnet diese Publikation in der Deutschen Nationalbibliografie; detaillierte bibliografische Daten sind im Internet über http://dnb.d-nb.de abrufbar.

ISBN: 9783346860224
Dieses Buch ist auch als E-Book erhältlich.

Druck und Bindung: Books on Demand GmbH, Norderstedt Germany
Gedruckt auf säurefreiem Papier aus verantwortungsvollen Quellen

Das vorliegende Werk wurde sorgfältig erarbeitet. Dennoch übernehmen Autoren und Verlag für die Richtigkeit von Angaben, Hinweisen, Links und Ratschlägen sowie eventuelle Druckfehler keine Haftung.

Das Buch bei GRIN: https://www.grin.com/document/1325835

Deutsche Hochschule für

Prävention und Gesundheitsmanagement

Hermann Neuberger Sportschule 3

66123 Saarbrücken

Einsendeaufgabe

Fachmodul:	Trainingslehre I
Studiengang:	Bachelor of Arts Fitnessökonomie
Datum **Präsenzphase:**	22.02-25.02.2021
Studienort:	**Köln**
Semester:	**WS2020**

Inhaltsverzeichnis

1 Diagnose

1.1 Allgemeine und biometrische Daten

Die folgenden in Tabelle 1 zu findenden allgemeinen und biometrischen Daten wurden in einem Erstgespräch mit dem Kunden erfasst.

Tabelle 1: Allgemeine und biometrische Daten (eigene Darstellung)

Alter	25 Jahre alt
Geschlecht	weiblich
Körpergröße	170 cm
Gewicht	65 kg
BMI	24,85 $\frac{kg}{m^2}$
Körperfettanteil	33% = 21,45kg
Skelettmuskelmasse	37% = 24kg
Trainingsmotive	Gewichtsreduktion, Figurstraffung
Berufliche Tätigkeit	Bankkauffrau (vorwiegend sitzend)
Aktuelle sportliche Aktivität	2-3x wöchentlich ca. 3 km Joggen, gelegentliches Krafttraining ohne Plan
Frühere sportliche Aktivität	2x pro Woche Volleyballtraining bis vor 2 Jahren
Zeitlicher Verfügungsrahmen	4x pro Woche
Blutdruck	133/86 mmHg
Ruhepuls	67 Schläge die Minute
Orthopädische/internistische Probleme	Keine
Medikamente	keine

Tabelle 2: BMI-Klassifikation nach der WHO

Aus rechtlichen Gründen wurde die Tabelle entfernt. (ANm. d. Red.)

Tabelle 3: Blutdruckklassifikation der American Heart Association (modifiziert nach Mancia et al., 2013, S. 1286)

Bewertungsstufen	Systolischer Blutdruck	Diastolischer Blutdruck
	Normatonie	
Optimal	Unter 120 mmHg	Unter 80 mmHg
Normal	Unter 130mmHg	Unter 85 mmHg
Hochnormal	130-139 mmHg	85-89 mmHg
	Arterielle Hypertonie	
Stufe1	140-159 mmHg	90-99 mmHg
Stufe 2	160-179 mmHg	100-109 mmHg
Stufe 3	> 180 mmHg	> 110 mmHg

Tabelle 4: Klassifikation Körperfettanteil für 20-39-jährige Frauen nach Gallagher et al. (2000)

niedrig	normal	hoch	sehr hoch
< 21%	21-33%	33-39%	≥ 39%

1.1.1 Bewertung der Daten

Vorab lässt sich sagen, dass die Person zwar Erfahrung im Bereich des Krafttrainings hat, jedoch unregelmäßig trainiert und keinen Plan verfolgt. Außerdem geht sie regelmäßig 3-Mal die Woche joggen.

Die Person nimmt keinerlei Medikamente ein und weist keine internistischen oder orthopädischen Probleme auf.

Ihr bei der Anamnese gemessener Blutdruck lag bei 133/87mmHg, somit lässt er sich in den hochnormalen Bereich einordnen (Blutdruckklassifikation der American Heart Association, Tabelle 3). Dieses gesundheitliche Problem ist ihrem Arzt bekannt und er sprach daraufhin eine Empfehlung zum Fitnesstraining aus.

Bei einer Körpergröße von 170 cm und einem Gewicht von 65kg liegt der BMI bei 24,85 $\frac{kg}{m^2}$. Dieser Wert lässt sich in den Normalbereich einordnen. Da er jedoch an der oberen Grenze liegt, ist auch die Senkung des BMIs von Vorteil. Bestätigt wird dies auch durch Kundenwunsch.

Die Kundin ist trotz des leicht erhöhten Blutdrucks voll trainierbar. Dies wurde auch ärztlich bestätigt.

1.2 Krafttestung

1.2.1 Auswahl des Testverfahrens

Für den Kunden wurde sich für den Mehrwiederholungskrafttest entschieden, da er sowohl für Krafttrainingsanfänger als auch für Fortgeschrittene gut geeignet ist und die Kundin keine gesundheitlichen Einschränkungen hat. Der Test wird mit 20 Wiederholungen gestartet, somit können die Testergebnisse für den ersten Mesozyklus im Trainingsplan übernommen werden.

Der 1-RM-Test eignet sich hingegen eher für fortgeschrittene Sportler, die bereits eine gute Technik beherrschen.

Beim Testverfahren auf der Grundlage des subjektiven Belastungsempfinden unterschätzen sich besonders Trainingsanfänger oft, da sie ihre Grenzen nicht kennen.

1.2.2 Testablauf

Zunächst wärmt die Person sich im Allgemeinen auf, um ihr Herz-Kreislauf-System anzuregen. Hierzu läuft die Kundin auf dem Laufband 10 Minuten, da sie regelmäßig laufen
geht. Außerdem macht ihr das Laufen besonders viel Spaß, was sie positiv stimmt und
mental auf das folgende Training einstellt.

Anschließend folgt noch ein spezielles Aufwärmen der im Folgenden zu trainierenden
Muskelgruppen.

Nach dem Aufwärmprogramm wird mit dem Mehrwiederholungskrafttest gestartet. Die
subjektive Abschätzung des Einstieggewichts für den Kunden wird durch den Trainer für
jede Übung vorgenommen. Zusammen führen sie die Testsätze durch und ermitteln mit
wie viel Gewicht 20 Wiederholungen für den Trainierenden möglich sind. Dafür sollten
nicht mehr als 3 Sätze gebraucht werden, weil die Muskeln des Kunden sonst ermüden
und die Ergebnisse verfälscht werden. Zwischen den Sätzen liegt eine 2-3-minütige
Pause.

Bei der Durchführung achtet der Trainer auf eine korrekte Ausführung der Übungen.
Sollte diese durch zu viel Gewicht leiden, wird ein weiterer Satz mit weniger Gewicht
und optimaler Ausführung durchgeführt.

Außerdem wird bei allen Übungen mit einer Time-under-Tension von 2-0-2 gearbeitet.
Die Time-under-Tension beschreibt die Belastungsdauer während einer Übung.

Die Ergebnisse der Krafttestung sind in Tabelle 6 dokumentiert.

Nach der Krafttestung wird noch ein Cool-down durchgeführt. Dazu geht die Kundin sich
noch einmal 5-10 Minuten auf dem Laufband aus, um ihr Herz-Kreislauf-System zu unterstützen und dehnt danach die zuvor beanspruchten Muskelgruppen für eine Senkung
des Muskeltonus.

Tabelle 5: Krafttestung auf Basis eines 20-RM-Tests

Testübung	WH	1. Testsatz	2. Testsatz	3. Testsatz	Ergebnis
Kniebeugen (LH)	20	20kg	30kg	30kg	30kg
Beinstrecker	20	20kg	25kg		25kg
Bankdrücken mit LH	20	20kg			20kg
Latzug (breiter Griff)	20	20kg	25kg	30kg	30kg
Rudern (enger Griff, Kabelzug)	20	25kg	30kg	35kg	30kg
Rückenstrecker	20				
Bizepscurls am Kabelzug	20	7,5kg	12,5kg	15kg	15kg
Trizepsdrücken am Kabelzug	20	12,5kg	15kg		15kg
Bauchmaschine gerade	20	10kg	12,5kg	15kg	15 kg

1.2.3 Schlussfolgerung

Durch den Mehrwiederholungskrafttest ist die Möglichkeit des interindividuellen Leistungsvergleiches nicht gegeben. Es wirken zu viele interne und externe Faktoren auf die Kraftentwicklung ein, wie zum Bespiel das Alter, die Größe, die Genetik oder den aktuellen Trainingsstand. Diese sind zu vielfältig, um aus Studien für verschiedene sportliche Zielgruppen auf allgemeine Normwerte zu schließen (Bührle et al., 1983, Tittel & Wutscherk, 1994).

Für den intraindividuellen Leistungsvergleich ist der Mehrwiederholungskrafttest hingegen geeignet. Jedoch sollte darauf geachtet werden den Test weitgehend zu standardisieren und Störfaktoren zu vermeiden. Unter diesen Bedingungen lässt sich die eigene Kraftentwicklung über längere Zeit gut messen und vergleichen.

Die Ableitung von Trainingsintensitäten ist mit Hilfe der Individuellen-Leistungsbild-Methode möglich.

2 Zielsetzung/Prognose

2.1 Die Ziele

Die Ziele wurden zuvor mit der Kundin im Erstgespräch ermittelt. Sie sind mit ihr abgesprochen und entsprechen ihren Wünschen. Es wurde bei der Zielsetzung darauf geachtet sie möglichst realistisch und leicht erreichbar zu wählen, um auch weiterhin ihre Motivation für das Training zu erhalten und weiter zu steigern.

Tabelle 6: Ziele auf Basis der ausgewerteten Diagnosedaten

	Inhalt	Ausmaß	Zeit
Ziel 1	Senkung des Körperfettanteils	Um 4kg	In 3 Monaten
Ziel 2	Aufbau von Skelettmuskulatur	Um 2kg	In 4 Monaten
Ziel 3	Senkung des Blutdrucks	In den Normalbereich (unter 130/85 mmHg)	In 3 Monaten

2.2 Begründung der Ziele

Ziel 1: Senkung des Körperfettanteils

Der Körperfettanteil der Kundin liegt bei 33%. Dieser Wert wurde durch eine InBody Messung ermittelt. Damit liegt sie auf der Grenze zwischen dem Normalbereich und einem hohen Körperfettanteil. Aus gesundheitlicher Sicht ist eine Senkung des Anteils erforderlich, um späteren gesundheitlichen Folgen oder einer Verschlechterung vorzubeugen. Zudem äußerte sie im Gespräch den Wunsch abzunehmen, was eine Reduktion des Körperfettanteils erfordert.

Außerdem wird hierdurch ein niedrigerer BMI erreicht, auch dieser ist bei der Kundin derzeit zwar im Normbereich, aber grenzwertig.

Ziel 2: Aufbau von Skelettmuskulatur

Die Person äußerte außerdem den Wunsch der Figurstraffung, dieser wird durch den Muskelaufbau unterstützen. Besonderes Augenmerk wird hier auf die Stärkung der Rückenmuskulatur gelegt, da sie in ihrem Alltag aus beruflichen Gründen hauptsächlich sitzt und spätere Rückenschmerzen vermeiden möchte.

Ziel 3: Senkung des Blutdrucks

Da der Blutdruck der Kundin mit 133/87 mmHg im Hochnormalen Bereich liegt, ist es wichtig, dass dieser sich in Zukunft wieder im Normbereich befindet. Somit ist das Ziel, dass der Blutdruck bei 130/85 mmHg liegt oder darunter. Auch das sollte in den nächsten drei Monaten erreicht werden.

3 Trainingsplanung Makrozyklus

3.1 Tabellarischer Makrozyklus

Tabelle 7: Darstellung des Makrozyklus

	Mesozyklus 1	Mesozyklus 2	Mesozyklus 3	Mesozyklus 4
Dauer	6 Wochen	6 Wochen	6 Wochen	6 Wochen
Trainingsziel	Kraftausdauer-training	Übergangstrai-ning	Muskelaufbau (extensiv)	Muskelaufbau (intensiv)
Einheiten/Woche	3	3	3	3
Organisations-form	GK/Station	GK/Circuit	GK/Station	GK/Circuit
Übungen/Muskelgruppe	1-2	1-2	1-2	1-2
Sätze/Übung	2	1-2 Circuits	2	1-2 Circuits
Satzpausen	60 Sekunden		60 Sekunden	
Wiederholungen	20	15	12	8
Intensität	60-80% ILB (20-RM)	60-80% ILB (15-RM)	60-80% ILB (12-RM)	60-80% ILB (8-RM)
Bewegungs-tempo	2-0-2	2-0-2	2-0-2	2-0-2

3.2 Begründung der Makrozyklusplanung

Für die Kundin wurde sich für die Individuelle-Leistungsbild-Methode (ILB) entschieden. Diese Methode ist sowohl für Trainingsanfänger als auch für leistungsorientierte Sportler geeignet. Die ILB-Methode orientiert sich immer an der aktuellen Leistungsstufe der jeweiligen Person. Die Trainierende wurde als geübte Person eingestuft, da sie bereits mit dem Krafttraining vertraut ist, aber nur unregelmäßig und ohne einen festen Plan trainiert. Zusätzlich betreibt sie seit längerem regelmäßig Ausdauersport.

Die Anzahl der Einheiten pro Woche, die Übungen pro Muskelgruppe und die Sätze der Übungen sind in bei der ILB-Methode bereits in Form eines Grobrasters vorgegeben und orientieren sich an der Leistungsstufe des Sportlers.

Die Vorgaben stimmen auch mit den Wünschen der Kundin überein, sodass der zeitliche Rahmen und die Trainingshäufigkeit in ihren Alltag integrierbar sind.

Die Intensität wurde mit Hilfe eines X-RM-Tests ermittelt. Die Wiederholungszahl wurde auf 20 festgelegt, weil diese Anzahl mit der im ersten Mesozyklus übereinstimmt. Vor jedem Mesozyklus muss dieser Test mit der entsprechenden Wiederholungszahl für alle Übungen wiederholt werden.

Auch die Wiederholungszahlen sind durch das Grobraster vorgegeben und betragen im Hypertrophie-Training 8-15 Wiederholungen pro Satz und im Kraftausdauertraining 15-30 Wiederholungen pro Satz. (Boeckh-Behrens et al., 2002; Fleck & Kraemer, 2004; Fröhlich, 2003).

Für die Trainingsdurchführung wurde sich sowohl für ein klassisches Stationstraining als auch für ein Circuittraining entschieden. Der Vorteil beim Stationstraining liegt darin, dass eine stärkere Muskelermüdung erreicht werden kann, da die Sätze mit kurzer Pause hintereinander erfolgen. Das Circuittraining hingegen spart Zeit, weil die Satzpausen wegfallen und bringt Abwechslung in das Trainingsprogramm.

Des Weiteren wird bei jeder der drei Einheiten der ganze Körper trainiert, da der Kundin die Zeit für ein Splitt-Training fehlt. Außerdem wird sie als geübte Person auch im Grobraster der ILB-Methode bei drei Trainingseinheiten die Woche eingeordnet.

Da der Schwerpunkt der Kundin auf dem Muskelaufbau liegt, um somit auch die Fettverbrennung anzuregen, wurde sich für eine klassische lineare Periodisierung entschieden. Sie hat zwar schon früher im Krafttrainingsbereich trainiert, aber nur unregelmäßig. Daher muss sie sich zunächst an die ungewohnte Belastung mit hoher Intensität gewöhnen. Aus diesem Grund konzentrieren sich die ersten beiden Mesozyklen, durch umfangorientiertes Krafttraining, auf die Verbesserung der Kraftausdauerleistung. Nach der Gewöhnung an höhere Intensitäten durch die ersten beiden Mesozyklen folgen zwei Mesozyklen, die das Ziel das Muskelaufbaus verfolgen und daher intensitäts- statt umfangsorientiert sind.

4 Trainingsplanung Mesozyklus

4.1 Darstellung des Mesozyklus

Tabelle 8: Mesozyklusplanung

Zyklusdauer	6 Wochen
Trainingsziel	Muskelaufbau
Einheiten pro Woche	3
Organisationsform	Ganzkörper Stationstraining
Übungen pro Muskelgruppe	1-2
Sätze pro Übung	2
Satzpausen	60 Sekunden
Wiederholungszahl	20
Intensität	60-80% ILB
Bewegungstempo	2-0-2 Time under Tension

Tabelle 9: Darstellung des ersten Mesozyklus

Übungen	Wdh.	Sätze	Woche 1 60% ILB	Woche 2 60% ILB	Woche 3 70% ILB	Woche 4 70% ILB	Woche 5 80% ILB	Woche 6 80% ILB
Knie-beuge (LH)	20	2	30kg	30kg	35kg	35kg	40kg	40kg
Beinstre-cker (Ma-schine)	20	2	15kg	15kg	17,5kg	17,5kg	20kg	20kg
Bankdrü-cken (LH)	20	2	12kg	12kg	14kg	14kg	16kg	16kg
Latzug	20	2	18kg	18kg	21kg	21kg	24kg	24kg
Rudern (Kabel-zug)	20	2	18kg	18kg	21kg	21kg	24kg	24kg
Rücken-strecker	20	2						
Bizeps-curls (Ka-belzug)	20	2	9kg	9kg	10,5kg	10,5kg	12kg	12kg
Trizeps-drücken (Kabel-zug)	20	2	9kg	9kg	10,5kg	10,5kg	12kg	12kg
Bauchma-schine	20	2	10kg	10kg	12,5kg	12,5kg	15kg	15kg

4.2 Begründung der Übungsauswahl

Bei der Übungsauswahl wurde darauf geachtet, dass jede große Muskelgruppe mit einbe-zogen wird und so der ganze Körper trainiert wird. Auch die Fettverbrennung wird opti-mal angeregt, da für die Beanspruchung großer Muskeln mehr Energie benötigt wird.

10/15

Besonderer Fokus wurde mit 3 Übungen auf die Rückenpartie gelegt, da die Kundin in ihrem Alltag berufsbedingt viel sitzt und somit möglichen Rückenschmerzen vorbeugt. Im Trainingsplan sind hauptsächlich Übungen mit freien Gewichten zu finden. Zwar hat die Kundin nur unregelmäßig trainiert, dennoch ist sie schon geübt und zeigte sich sicher bei freien Übungen. Dadurch hat sie den Vorteil, dass besonders ihre Eigenstabilisation gefordert wird und ihre intermuskuläre Koordination gestärkt wird. Außerdem lassen sich die Bewegungen auf ihren Alltag besser übertragen als Übungen an Maschinen. Und hierbei sind feinere Gewichtsabstufungen möglich. Dies ist bei der ausgewählten ILB-Methode wiederum von Vorteil.

Dennoch wurden auch Übungen an Maschinen oder am Seilzug gewählt, um das Training abwechslungsreich zu gestalten.

In das Training wurden sowohl ein- als auch mehrgelenkige Übungen mit einbezogen, um auch hier wieder Abwechslung zu erzeugen. Eine Auswirkung auf die Effektivität haben mehr- und eingelenkige Übungen nicht. Die mehrgelenkigen Übungen haben den Vorteil, dass sie ähnlich zu alltagsnahen Bewegungen sind und funktionelle Bewegungsmuster trainiert werden. Die eingelenkigen Übungen hingegen haben den Vorteil, dass ein isoliertes Training einer Muskelgruppe möglich ist ohne eine Kompensationsmöglichkeit durch andere Muskeln.

Bei der Kniebeuge mit Langhantel wird der gesamte Oberschenkel und der M. gluteus maximus trainiert. Diese mehrgelenkige Übung wurde ausgewählt, weil die Bewegung auch im Alltag häufig ausgeführt wird.

Als zweite Beinübung wurde der Beinstrecker an der Maschine ausgewählt. Diese trainiert nochmal isoliert die Muskeln M. quadriceps femoris und M. tensor fascia latae. Da sie gerne und oft joggen geht, wird die Entlastung des Kniegelenks noch einmal unterstützt.

Das Bankdrücken mit der Langhantel ist die dritte Übung im Mesozyklus. Damit ist eine weitere klassische Krafttrainingsübung hinzugekommen. Die mehrgelenkige Übung beansprucht viele und große Muskeln, wie zum Beispiel den M. pectoralis major, aber auch der M. triceps brachii wird beansprucht.

An der nächsten Stelle im Mesozyklus stehen gleich drei Rückenübungen. Angefangen mit dem Latzug. Eine weitere mehrgelenkige Übung, die viele große Muskeln miteinschließt und somit auch die Fettverbrennung gut unterstützt. Die zweite Rückenübung ist das Rudern am Kabelzug. Beide Übungen trainieren den M. latissimus dorsi, den M. teres major und den M. deltoideus. Damit ist die Rückenmuskulatur gut trainiert. Zusätzlich wird der untere Rücken am Rückenstrecker gestärkt. Mit den drei Rückenübungen soll außerdem Verspannungen durch ihre berufliche Situation vorgebeugt werden.

Die nächsten beiden Übungen, die Bizepscurls und das Trizepsdrücken am Kabelzug sollen nochmal isoliert die Arme stärken, da dies auch als Wünsch von der Kundin geäußert wurde.

Der Trainingsplan des Mesozyklus schließt mit der Übung an einer Bauchmaschine ab, um ihren Rumpf zu stärken. Dies schafft einen Ausgleich der Belastung zwischen Bauch- und Rückenmuskulatur und ist daher besonders wichtig.

5 Literaturrecherche

5.1 Effekte des Krafttrainings bei Diabetes mellitus Typ 2

Tabelle 10: Effects of a power training program in the functional capacity, on body balance and lower limb muscle strength of elderly with type 2 diabetes mellitus

Wer hat die Studie durchgeführt?	Lucineia Pfeifer, Cintia E. Bottom, Fernando Diefenthaeler, Daniem Umpierre, Ronei S. Pinto
In welchem Jahr wurde die Studie publiziert?	2021
Welche Forschungsfrage wurde untersucht?	Welche Auswirkungen hat Krafttraining auf Menschen mit Diabetes Mellitus Typ 2 in Hinblick auf Balance, Koordination und funktionelle Mobilität?
Mit welchen Versuchspersonen wurde die Studie durchgeführt?	21 Personen, davon 14 weiblich und 7 männlich
Wie sah der Versuchsaufbau der Studie aus?	Die erste Gruppe mit 11 Teilnehmern (Alter = 70,5 ± 7,8) führt zwei Mal die Woche ein Krafttraining durch. Die zweite Gruppe bildet die Kontrollgruppe (Alter= 66 ± 3,2). Die 10 Teilnehmer dieser Gruppe führten ein wöchentliches Stretchingprogramm durch. Das Programm wurde in beiden Gruppen für 12 Wochen absolviert. Sie verwendeten den Gaitspeed-Test um die Balance, Koordination und funktionelle Mobilität zu überprüfen. Es wurde eine Krafttestung, ein Test zur Überprüfung der Schnellkraft und der 5-times-sit-to-stand-test in Woche 0 und nach Woche 12 durchgeführt. Er prüft funktionale Mobilität und Kraft vor allem in den unteren Extremitäten.
Welche relevanten Ergebnisse und Schlussfolgerungen lieferte die Studie?	Die erste Gruppe verbesserten ihre Zeit im Gaitspeed-Test und ihre dynamische Balance. Im Vergleich zu den Personen in der Kontrollgruppe lassen sich folgende Veränderungen in der Testgruppe erkennen. Es wurde ein hoher Zuwachs an Muskelkraft festgestellt. Beide Gruppen zeigten signifikante Verbesserungen in dem 5-times-sit-to-stand-test. Das Training verbesserte funktionelle Parameter wie Balance und ihre Fähigkeit Alltagssituationen zu bewältigen.

Tabelle 11: The Effect of High-Intensity Power Training on Habitual, Intervention and Total Physical Activity Levels in Older Adults with Type 2 Diabetes: Secondary Outcomes of the GREAT2DO Randomized Controlled Trial

Wer hat die Studie durchgeführt?	Marjan Mosalman Haghighi, Yorgi Mavros, Shelley Kay, Kylie A Simpson , Michael K Baker, Yi Wang , Ren Ru Zhao, Jacinda Meiklejohn, Mike Climstein, Anthony J O'Sullivan, Nathan De Vos, Bernhard T Baune, Steven N Blair, David Simar, Nalin Singh, Jeffrey Schlicht, Maria A Fiatarone Singh
In welchem Jahr wurde die Studie publiziert?	2021
Welche Forschungsfrage wurde untersucht?	Welchen Effekt hat Krafttraining auf Personen mit Diabetes Mellitus Typ 2 im Hinblick auf ihr Aktivitätslevel, ihre zusätzliche Aktivität und ihre Muskelkraft?
Mit welchen Versuchspersonen wurde die Studie durchgeführt?	Die Studie wurde mit 103 Erwachsenen (Alter=67,9 ± 5,5) mit gut kontrolliertem Diabetes Mellitus Typ 2 (HbA1 = 7,1%) durchgeführt. Die Versuchspersonen hatten schon zu Begin einen höheren Bewegungsdurchschnitt als gesunde Leute ihres Alters.
Wie sah der Versuchsaufbau der Studie aus?	Die Versuchspersonen wurden in zwei Gruppen aufgeteilt. Beide Gruppen trainierten drei Mal die Woche für 12 Monate. Die erste Gruppe bekam Krafttrainingsübungen. Der zweiten Gruppe wurden Scheinübungen zugewiesen.
Welche relevanten Ergebnisse und Schlussfolgerungen lieferte die Studie?	Das gewohnheitsbedingte Aktivitätslevel der Probanden hat sich über die 12 Monate nicht großartig verändert. Die zusätzliche Aktivität der Testpersonen erhöhte sich. Das Gewicht an der Beinpresse und die totale Aktivität erhöhten sich drastisch. Sowohl auch im sechsten als auch im zwölften Monat war dies zu erkennen. Die Veränderungen waren bei der ersten Gruppe mit den Krafttrainingsübungen größer als die Veränderungen der Kontrollgruppe. Strukturiertes und hochintensives Krafttraining ist eine gute Strategie, um die körperliche Aktivität von Typ 2 Risikopatienten zu steigern. Allerdings wurde kein Zusammenhang zwischen der Veränderung der körperlichen Aktivität und dem metabolischen System festgestellt.

6 Literaturverzeichnis

American Heart Association Blutdruckklassifikation (modifiziert nach Mancia et al., 2013, S. 1286)

Boeckh-Behrens et al., 2002

Bührle et al., 1983, Tittel & Wutscherk, 1994

Fleck & Kraemer, 2004

D. Gallagher, S. B. Heymsfield, M. Heo, S. A. Jebb, P. R. Murgatroyd, Y. Sakamoto (2000) American Journal of Clinical Nutrition, Vol. 72

Fröhlich, 2003

Word Health Organisation (2008) BMI-Klassifikation

7 Tabellenverzeichnis